BEI GRIN MACHT SICH IHR WISSEN BEZAHLT

- Wir veröffentlichen Ihre Hausarbeit,
  Bachelor- und Masterarbeit

- Ihr eigenes eBook und Buch -
  weltweit in allen wichtigen Shops

- Verdienen Sie an jedem Verkauf

Jetzt bei www.GRIN.com hochladen und kostenlos publizieren

Bibliografische Information der Deutschen Nationalbibliothek:

Die Deutsche Bibliothek verzeichnet diese Publikation in der Deutschen National-
bibliografie; detaillierte bibliografische Daten sind im Internet über http://dnb.d-
nb.de/ abrufbar.

Impressum:

Copyright © 2011 GRIN Verlag, Open Publishing GmbH
Druck und Bindung: Books on Demand GmbH, Norderstedt Germany
ISBN: 978-3-668-23763-6

Dieses Buch bei GRIN:

http://www.grin.com/de/e-book/323603/trainingsplanung-makro-und-mesozyklus-
und-beweglichkeitstest-nach-der

Leonie Gath

Trainingsplanung Makro- und Mesozyklus und Beweglichkeitstest nach der Neutral-Null-Methode

GRIN Verlag

GRIN - Your knowledge has value

Der GRIN Verlag publiziert seit 1998 wissenschaftliche Arbeiten von Studenten, Hochschullehrern und anderen Akademikern als eBook und gedrucktes Buch. Die Verlagswebsite www.grin.com ist die ideale Plattform zur Veröffentlichung von Hausarbeiten, Abschlussarbeiten, wissenschaftlichen Aufsätzen, Dissertationen und Fachbüchern.

Besuchen Sie uns im Internet:

http://www.grin.com/

http://www.facebook.com/grincom

http://www.twitter.com/grin_com

Deutsche Hochschule für

Prävention und Gesundheitsmanagement

Hermann Neuberger Sportschule 3

66123 Saarbrücken

___ **Kontrollaufgabe**

_x_ **Einsendeaufgabe**

Fachmodul: Trainingslehre IV _____

Studiengang: BFÖ _____

Version Studienbrief: _____

(Datum des Vorwortes, Versionsnummer in Fußzeile des Studienbriefes)

Name, Vorname: Gath, Leonie _____

Studienort: **Frankfurt/ Kelsterbach** _____

Semester: **WS 09** _____

Aufgabe 1)

Diagnose/Anamnese

a) Allgemeine Personendaten

Tab.1: Allgemeine Personendaten

Alter	49 Jahre
Geschlecht	Männlich
Beruf	Einzelhandelskaufmann (sitzende und stehende Tätigkeit)
BMI/Körperfettanteil in %	[85kg : (1,79m)^2] = 26,5/29%
Blutdruck/Ruhepuls	142/ 94 mmHg/78 S/min
Trainingsmotive	• Training der rumpfstabilisierenden Muskulatur • allgemeine Verbesserung der Leistungsfähigkeit und somit des Gesundheitszustandes • so schnell wie möglich zu den gewohnten sportlichen Tätigkeiten zurückkehren können.
Aktuelle und frühere Tätigkeiten (Leistungsstufe und Trainingsumfang)	• Im Kindes- und Jugendalter Geräteturnen im Hessenkader • Seit 10 Jahren Jogging, unregelmäßig, etwa 2x 45 min. monatlich • Seit 15 Jahren Fußball mit Kollegen, unregelmäßig, etwa 1x 90 Min. pro Monat
Zeitlicher Verfügungsrahmen	Höchstens 3 x 60 Min. wöchentlich

b) Spezifische Anamnesedaten

Ärztliche Diagnose/ Krankheitsbild	(Akut- traumatisch) Bandscheibenprolaps im Wirbelsegment L5/S1
Krankheitsgeschichte/-verlauf (Ursache, Zeitpunkt etc.)	Ursache: unphysiologische Fehlbelastungen über Jahre hinweg. Auslöser: Falsches Heben und Absetzen eines schwerer Lebensmittelkartons. Zeitpunkt: vor 6 Monaten
Bisherige medizinische Heilbehandlung(Art und Dauer der Nachbehandlung)	Konservative Behandlung mit intensiver Physiotherapie; (Analgetika, Schonlagerung, Wärmetherapie etc.) Die medizinische Heilbehandlung ist seit 6 Wochen abgeschlossen.
Aktuelles Beschwerdebild	Weitestgehend schmerzfrei, Verspannungen im Bereich des lumbalen Rückenstreckers.
Einnahme von Medikamenten	Keine weitere Medikation

c) Funktionsdiagnostik – Beweglichkeitstestung nach der Neutral – Null – Methode

Testung folgender Gelenksysteme:

Brust- und Lendenwirbelsäule:

(lässt sich nur schwer mit dem Winkelmesser erfassen)

Durchführungsmodalitäten:

Finger-Boden-Abstand (FBA):

- Beuge den Oberkörper nach vorne und versuche mit den Fingerspitzen die Zehen zu berühren. Die Wirbelsäule sollte dabei eine gleichmäßige kyphotische Krümmung haben.
- Normale Flexion bei Kindern/Jugendlichen: FBA 0-10cm
- Normale Flexion bei Erwachsenen: FBA 20-30cm
- Eingeschränkte Flexionsfähigkeit: FBA > 35cm
- Starke Ausweichmöglichkeit über starke Hüftbeugung, deshalb nur bedingt zur Beurteilung der Flexionsfähigkeit der Wirbelsäule geeignet. Mit dem Ott-Zeichen und Schober- Zeichen lässt es sich besser messen und beurteilen.

Ott-Zeichen/BWS- Extensions- und Flexionsprüfung:

Im Stand wird der Dornfortsatz des siebten Halswirbels markiert. Von dort aus wird 30cm weiter unten eine weitere Stelle auf der Wirbelsäule markiert.

BWS- Extensionsprüfung:

- Anweisung der Bewegung: Neige den Oberkörper nach hinten.
- Normale Extension: Der Abstand der Markierungen verkleinert sich um 1-2cm.
- Eingeschränkte Extension: Der Abstand verkleinert sich nur unwesentlich (<1cm).

BWS- Flexionsprüfung:

- Anweisung der Bewegung: Beuge den Oberkörper nach vorne.
- Normale Flexion: Der Abstand vergrößert sich um 3-5cm.
- Eingeschränkte Flexion: Der Abstand vergrößert sich nur um 1-2cm.

Schober- Zeichen/ LWS- Extensions- und Flexionsprüfung:

Im Stand wird der Dornfortsatz des ersten Kreuzbeinwirbels markiert. Von dort aus wird 10cm weiter oben eine weitere Stelle auf der Wirbelsäule markiert.

LWS- Extensionsprüfung:

- Anweisung der Bewegung: Neige den Oberkörper nach hinten.
- Normale Extension: der Abstand der Markierungen verkleinert sich um 2-3cm.

- Eingeschränkte Extension: Der Abstand verkleinert sich nur unwesentlich (<1cm).

LWS- Flexionsprüfung:

- Anweisung der Bewegung: Beuge den Oberkörper nach vorne.
- Normale Flexion: Der Abstand vergrößert sich um 3-5cm.
- Eingeschränkte Flexion: Der Abstand vergrößert sich nur bis zu 3cm.

BWS- und LWS- Lateralflexionsprüfung (im Stand):

- Anweisung der Bewegung: Neige den Oberkörper zur Seite nach rechts/links.
- Normale Beweglichkeit: Die Fingerspitzen berühren den äußeren Kniegelenkspalt.

BWS- und LWS- Rotationsprüfung:

- Anweisung der Bewegung: Drehe den Oberkörper nach hinten rechts/links. Achtung: Das Becken darf nicht mitdrehen.
- Normale Beweglichkeit: Der passiv nach hinten mitgeführte Arm kann den hinteren oberen Darmbeinstachel berühren.

Schultergelenk:

Durchführungsmodalitäten:

- Überprüfen der Beweglichkeit im Neutral-Null-Stand oder im Sitzen.

Retroversionsprüfung:

- Anweisung der Bewegung: Führe die Arme nach hinten.
- Normale Beweglichkeit: Die Arme können ca. 50cm nach hinten bewegt werden.

Anteversionsprüfung:

- Anweisung der Bewegung: Hebe den Arm nach vorne oben.
- Normale Beweglichkeit: Die Oberarme berühren die Ohren.

Abduktionsprüfung:

- Anweisung der Bewegung: Hebe die Arme seitlich nach oben.
- Normale Beweglichkeit: Die Oberarme berühren die Ohren.

Adduktionsprüfung:

- Anweisung der Bewegung: Führe den linken/rechten Arm vorne dicht am Körper vorbei.
- Normale Beweglichkeit: Das Ellenbogengelenk erreicht die Mittellinie des Körpers.

Außenrotationsprüfung (Tiefenrotation):

- Anweisung der Bewegung: Beuge den rechten/linken Ellenbogen bis auf 90° und drehe den Arm langsam nach außen.
- Normale Beweglichkeit: Das Handgelenk ist auf Höhe des Rippenbogens.

Innenrotation (Tiefenrotation):

- Anweisung der Bewegung: Beuge den rechten/linken Ellenbogen bis auf 90° und versuche beide Arme hinter dem Rücken zu verschränken.
- Normale Beweglichkeit: Die Unterarme können hinter dem Rücken verschränkt werden und berühren ihn.

Außenrotation (Hochrotation):

- Anweisung der Bewegung: Beuge den Ellenbogen bis auf 90° und hebe den angewinkelten Arm seitlich 90° nach oben. Drehe jetzt den Unterarm langsam nach oben hinten.
- Normale Beweglichkeit: Die Finger zeigen nahezu gerade nach oben.

Innenrotation (Hochrotation):

- Anweisung der Bewegung: Beuge den Ellenbogen bis auf 90° und hebe den angewinkelten Arm seitlich 90° nach oben. Drehe den Unterarm langsam nach unten.
- Normale Beweglichkeit: Die Fingerspitzen befinden sich auf Höhe des Rippenbogens.

Ellenbogengelenk

Durchführungsmodalitäten:

- Streckung und Beugung des Gelenkes wird am um 90° nach vorne angehobenen und gestreckten Arm gemessen (Handflächen zeigen nach oben (Supination).

Extensionsprüfung:

- Anweisung der Bewegung: Strecke den Arm durch.
- Normale Beweglichkeit: Der Arm wird leicht überstreckt vor dem Körper gehalten.

Flexionsprüfung:

- Anweisung der Bewegung: beuge den Arm und führe die gestreckte Hand zur Schulter.
- Normale Beweglichkeit: Die Hand berührt das Ohrläppchen.

Pronationsprüfung:

- Anweisung der Bewegung: Drehe die Hand so weit wie möglich nach innen, dass die Hand nach unten zeigt.
- Normale Beweglichkeit: Die Handfläche befindet sich parallel zum Boden.

Supinationsprüfung:

- Anweisung der Bewegung: Drehe die Hand so weit wie möglich nach außen, so dass die Handfläche nach oben zeigt.
- Normale Beweglichkeit: Die Handfläche befindet sich parallel zum Boden.

Hüftgelenk:

Durchführungsmodalitäten:

Extensionsprüfung:

- Anweisung der Bewegung (Rückenlage bzw. Seitlage auf einer Liege): Ein Bein wird mit beiden Händen maximal an den Oberkörper herangezogen.
- Das Gesäß des hochgezogenen Beines befindet sich an der Kante der Liege, das andere Bein wird locker hängen gelassen.
- Normale Beweglichkeit: Der Oberschenkel befindet sich mindestens parallel zum Boden.

Flexionsprüfung:

- Anweisung der Bewegung (Rückenlage): Bewege den Oberschenkel mit gebeugtem Kniegelenk zum Bauch.
- Normale Beweglichkeit: Der Oberschenkel berührt den Bauch.

Abduktionsprüfung:

- Anweisung der Bewegung (Rückenlage): Führe das gestreckte Bein am Boden entlang nach außen.
- Normale Beweglichkeit: Die Längsachse des abgespreizten Beines bildet mit der gegenüberliegenden Schulter eine gedachte Linie.

Adduktionsprüfung:

- Anweisung der Bewegung (Rückenlage): Führe das gestreckte Bein am Boden entlang nach innen (das andere Bein wird angewinkelt und über das zu testende Bein gestellt).
- Normale Beweglichkeit: Die Längsachse des adduzierten Beines bildet mit der gleichseitigen Schulter eine gedachte Linie.

Außenrotationsprüfung:

- Anweisung der Bewegung (Rückenlage): Beuge im Knie- und Hüftgelenk das Bein jeweils auf 90°. Drehe jetzt den Unterschenkel nach innen über das andere Bein.
- Normale Beweglichkeit: Die Ferse des zu testenden Beines befindet sich über dem unteren Dritten des anderen Oberschenkels.
- Oder : Anweisung der Bewegung (Bauchlage):Beuge das Knie auf 90° und führe das Bein nach innen.
- Normale Beweglichkeit: 30°-40° Außenrotation.

Innenrotationsprüfung:

- Anweisung der Bewegung: Beuge im Knie und Hüftgelenk das Bein jeweils auf 90°. Drehe jetzt den Unterschenkel nach außen.
- Normale Beweglichkeit: Die Längsachse des Unterschenkels bildet mit der gegenüberliegenden Schulter eine gedachte Linie.
- Oder: Anweisung der Bewegung (Bauchlage): Beuge das Knie auf 90° und führe das Bein nach außen.
- Normale Beweglichkeit: 40°-50° Innenrotation.

Kniegelenk:

Durchführungsmodalitäten:

Extensionsprüfung:

- Anweisung der Bewegung (Rückenlage): Versuche bei gestreckt aufliegendem Knie die Ferse zum Boden abzuheben.
- Normale Beweglichkeit: Die Ferse wird um ca. 1-2 cm angehoben.

Flexionsprüfung:

- Anweisung der Bewegung (Bauchlage): Beuge das Kniegelenk und versuche mit der Ferse das Gesäß zu berühren.
- Normale Beweglichkeit: Es besteht ein Abstand zwischen Ferse und Gesäß von ca. 10-15 cm.

Außenrotationsprüfung:

- Anweisung der Bewegung (sitzend, 90° Knieflexion): Drehe den Fuß nach außen.
- Normale Beweglichkeit: Der Fuß wird um ca. 40° nach außen gedreht.

Innenrotationsprüfung:

- Anweisung der Bewegung (sitzend, 90° Knieflexion): Drehe den Fuß nach innen.
- Normale Beweglichkeit: Der Fuß wird um ca. 10 ° nach innen gedreht.

Sprunggelenk:

Durchführungsmodalitäten oberes Sprunggelenk:

Dorsalextensionsprüfung:

- Anweisung der Bewegung (im Sitzen): Hebe den Vorfuß weit nach oben, ohne dass die Ferse den Boden verlässt.
- Normale Beweglichkeit: Der Großzehenballen wird um ca. 5cm hochgehoben.

Plantarflexionsprüfung:

- Anweisung der Bewegung: Drücke den Vorfuß so weit wie möglich nach unten.
- Normale Beweglichkeit: Das obere Sprunggelenk bildet mir den Zehen eine Linie.

Durchführungsmodalitäten unteres Sprunggelenk:

Pronationsprüfung:

- Anweisung der Bewegung: Hebe den Fußaußenrand an.
- Normale Beweglichkeit: Der großzehenballen wird ca. 3-4cm angehoben.

Supinationsprüfung:

- Anweisung der Bewegung: Hebe den Fußinnenrand an.
- Normale Beweglichkeit: Der Großzehenballen wird ca. 3-4cm angehoben.

Darstellung der Richtwerte und Testergebnisse des Beweglichkeitstests nach der Neutral – Null-Methode:

Tab.3: Funktionelle Untersuchung des Bewegungssystems nach der Neutral-Null-Methode

Beweglichkeitsuntersuchung der Wirbelsäule nach der Neutral-Null-Methode		
Bewegungssegment	Bewegungsrichtung	Befund
BWS	Extension/Flexion 20-30°/0°/45°	15°/0°/45° (Leichtes Extensionsdefizit)
	Seitneigung 20°/0°/20°	20°/0°/20°
	Rotation 25-30°/0°/25-30°	25°/0°/25°
LWS	Extension/Flexion 30-35°/0°/60°	20°/0°/55° (Starkes Extensionsdefizit, leichtes Flexionsdefizit)
	Seitneigung 20°/0°/20°	20°/0°/20°
	Rotation 5-9°/0°/5-9°	5°/0°/5° (grenzwertig)
Beweglichkeitsuntersuchung des Schultergelenkes nach der Beutral-Null-Methode		
Bewegungsrichtung	Befund rechts	Befund links
Flexion/Extension (Ante-/Retroversion) 150-180°/0°/50-60°	150°/0°/50°	150°/0°/50°
Abduktion/Adduktion	180°/0°/30°	180°/0°/30°

180°/0°/20-40°		
Außenrotation/Innenrotation (Tiefenrotation) 40-60°/0°/95°	60°/0°/95°	60°/0°/95°
Außenrotation/Innenrotation (Hochrotation) 70°/0/70°	70°/0/70°	70°/0/70°

Beweglichkeitsuntersuchung des Ellenbogengelenkes nach der Neutral-Null-Methode

Bewegungsrichtung	Befund rechts	Befund links
Extension/Flexion 10°/0°/150°	10°/0°/150°	10°/0°/150°
Supination/Pronation 80°-90°/0°/80-90°	80°°/0°/80°	80°/0°/80°

Beweglichkeitsuntersuchung des Hüftgelenkes nach der Neutral-Null-Methode

Bewegungsrichtung	Befund rechts	Befund links
Extension/Flexion 10-15°/0°/130-140°	5°/0°/140° Extensionsdefizit	10°/0°/140° Extensionsdefizit
Abduktion/Adduktion 30-45°/0°/20-30°	30°/0°/20°	30°/0°/20°
Außenrotation/Innenrotation 40-50°/0°/30-40°	40°/0°/30°	40°/0°/30°
Außenrotation/Innenrotation (in 90° Flexion) 40-45°/0°/30-45°	45°/0°/40°°	45°/0°/40°

Beweglichkeitsuntersuchung des Kniegelenkes nach der Neutral-Null-Methode

Bewegungsrichtung	Befund rechts	Befund links
Extension/Flexion 5-10°/0°/120-150°	5°/0°/130°	5°/0°/130°

Beweglichkeitsuntersuchung des Sprunggelenkes nach der Neutral-Null-Methode

Bewegungsrichtung	Befund rechts	Befund links
OSG:	40°/0°/20°	40°/0°/20°

Plantarflexion/Dorsalextension 40-50°/0°/20-30°		
USG: Pronation/Supination 15-20°/0°/35-40°	20°/0°/35°	20°/0°/35°

d) Bewertung der Diagnosedaten (im Hinblick auf die Belastbarkeit, Trainierbarkeit der Person)

Die allgemeinen Personendaten des Mannes zeigen, dass er gesundheitlich in keinem einwandfreien Zustand ist. Sowohl sein BMI von 26,5 als auch sein Körperfettanteil mit 29% sind laut WHO zu hoch. Sein ebenfalls zu hoher Blutdruck mit 142/94mmHg und sein Ruhepuls mit 78 S/min. verdeutlichen diese Aussage. In seinem beruflichen Alltag führt er zwar sitzende und stehende Tätigkeiten aus, bei denen er ständig aktiv in Bewegung ist, dennoch wirken bei diesen Tätigkeiten hohe Scherkräfte auf die Gelenke, vor allem die Wirbelsäule. Ständige Rotationsbewegungen an der Kasse und das Hochheben, Tragen und Absetzen von schweren Kartons, stellen eine hohe Anforderung für den Bewegungsapparat dar. In seiner Freizeit ist der Kunde nur unregelmäßig aktiv. Selten geht er joggen oder spielt mit seinen Kollegen Fußball. Da er diese Sportarten nicht seit seinem Kindesalter betreibt und vermutlich keine optimale Technik anwendet, stellen sie zusätzlich eine hohe Belastung für ihn dar. Früher betrieb er zwar Geräteturnen, jedoch hat sich seine Muskulatur über die Jahre abgebaut und das Herz- Kreislauf- System wurde seither nur wenig gefordert. Unphysiologische Fehlbelastungen in Beruf und Freizeit sowie eine Schonhaltung bei bestimmten Bewegungen, führten vor sechs Monaten zu einem Bandscheibenprolaps im Wirbelsegment L5/S1. In seiner Leistungsstufe ist der Kunde im Bereich des Fitness- und Gesundheitstrainings als Anfänger einzustufen. Er hat keinerlei Erfahrung im Bereich des gerätegestützen Trainings und seine allgemeine Leistunsfähigkeit hat über die Jahre stark abgenommen. Da er jedoch weitestgehend schmerzfrei ist und neben dem Bandscheibenvorfall keine akut- traumatischen Krankheitsbilder vorliegen, kann er mit einem muskulären Aufbautraining beginnen. Da die medizinische Heilbehandlung seit sechs Wochen abgeschlossen ist, wird davon ausgegangen, dass seine normale Alltagsbelastbarkeit wiederhergestellt ist. Er selbst betrachtet sich als stabil und belastbar und weist keinerlei gravierende funktionelle Bewegungseinschränkungen auf. Alle Kriterien, die vor der Aufnahme eines rehabilitativen Trainings überprüft werden sollen, werden vom Kunden erfüllt. Dennoch muss das Training auf sonstige gesundheitliche Einschränkungen (Übergewicht, Bluthochdruck) abgestimmt werden.

Auch bei der Beweglichkeitstestung nach der Neutral- Null- Methode ergaben sich weitere Einschränkungen, die durch das Rehabilitationstraining beseitigt werden sollen. Im Schulter-, Ellenbogen-, Knie-, und Sprunggelenk hat er keine Beweglichkeitsdefizite. Aufgrund des Bandscheibenvorfalls, der durch Fehlbelastungen aufgetreten ist, liegt ein leichtes Extensionsdefizit in der Brustwirbelsäule vor (statt 20-30°/0°/45° nur 15°/0°/45°). Auch im Bereich der Lendenwirbelsäule zeigt sich eine Hypomobilität in der Extension und Flexion. Die Messung mit nach dem Schober-Zeichen bestätigte die stark eingeschränkte Extension (<1cm) und auch die Flexion der Lendenwirbelsäule liegt hier im oberen Grenzbereich (ca. 5cm). Die Rotatation in der LWS liegt mit nur 5° rechts und links noch geradeso im Normalbereich. Viele der physiologischen Bewegungsausmaße in den anderen Gelenken können ebenfalls nur geradeso erreicht werden. Da der Mann als Einzelhandelskaufmann tätig ist und oftmals an der Kasse sitzt, hat er ebenso ein Extensionsdefizit im Hüftgelenk, wobei dieses rechts stärker ausgeprägt ist. Vermutlich ist hier die Beweglichkeit des M. iliopsoas eingeschränkt. Im Seitenvergleich (rechts/links) der anderen Gelenke zeigen sich ansonsten keinerlei Auffälligkeiten. Aus der hier dargestellten Kundensituation ergeben sich die in Aufgabe 2 dargestellten Zielsetzungen für die Aufnahme des rehabilitativen Trainings.

Aufgabe 2)

Zielsetzung/Prognose

Ziel = Inhalt + Ausmaß + Zeit

Das oberste Ziel des Kunden besteht darin, seine rumpfstabilisierende Muskulatur aufzutrainieren, um einen erneuten Prolaps zu vermeiden, die Verspannungen zu beseitigen und den allgemeinen Gesundheitszustand weiterhin zu verbessern. Er möchte zusätzlich seinen körperlichenlichen Leistungszustand optimieren und schnellstmöglich das Fußballtraining und sein Lauftraining durchführen können.

Um eine Grundlage für diese Hauptziele zu schaffen, wurden daraufhin folgende Trainingziele für den ersten Mesozyklus festgelegt:

Tab.4: Trainingszielsetzung

Ziel (Inhalt)	Ausmaß	Zeitraum
Regelmäßiges Training	2 mal pro Woche	Mesozyklus I (4 Wochen)
Haltungsschulung (korrekte Sitzhaltung bei den Trainingsübungen	Subjektiv, fehlerfreies Heben und fehlerfreie Sitzhaltung	Mesozyklus I (4Wochen)
Bradytrophes Training	Subjektive Verbesserung der Beschwerdesymptomatik	Mesozyklus I (4 Wochen)

Vor allem beim rehabilitativen Training gestalten sich zeitliche Vorhersagen über den Trainingserfolg schwierig. Der Genesungsprozess ist von vielen unterschiedlichen Faktoren abhängig und unterliegt einer speziellen Dynamik, weswewegen das Erreichen der Trainingsziele nicht immer zeitlich absehbar ist. Betrachtet man die bisherigen sportlichen Tätigkeiten des Kunden, so fällt auf, dass er zwar früher sportlich erfolgreich war, aber das Training in den letzten Jahren sehr vernachlässigt hat und nur unregelmäßig den Sportarten Fußball und Jogging nachkommt. Im Bereich des Fitnesstrainings hat er bisher keine Erfahrungen gesammelt und ist deshalb auf diesem Gebiet als Anfänger einzustufen. Insofern müssen vor der Aufnahme des rumpfstabilisierenden Kräftigungstrainings einige Grundsteine gelegt werden. Dass der Kunde das regelmäßige Training aufnimmt, stellt die Basis für alle weiteren Erfolge dar und wird aufgrund dessen als erstes Trainingsziel festgelegt. Ein zwei mal wöchentliches Training im Mesozyklus I liegt ebenso in seinem zeitlichen Verfügungsrahmen und wurde in der Zielsetzung berücksichtigt. Innerhalb der ersten vier Wochen sollte es ihm gelingen, das Training in seinen Alltag zu integrieren und ihm eine gewisse Wichtigkeit zuzuschreiben. Die Einführung in ein regelmäßiges Training stellt desweiteren eine Orientierung für den Kunden dar und der Trainer kann währenddessen feststellen, ob der Heilungsprozess bereits soweit abgeschlossen ist, dass der Kunde das wöchentliche Training schmerzfrei bewältigen kann.

Auslöser des Bandscheibenvorfalls war vermutlich das falsche Tragen/ Heben und Absetzen eines schweren Kartons mit Lebensmitteln. Damit der Kunde in Zukunft weiss, wie er schwere Lasten rückengerecht tragen kann, ist das zweite Ziel die Haltungsschulung. Diese spielt auch in seiner Freizeit und speziell beim Fitnesstraining eine große Rolle. Um einen weiteren Prolaps zu vermeiden, sollte er bei allen Trainingsübungen eine korrekte Sitzhaltung anzuwenden wissen. Dieses Ziel ist nur schwer messbar und kann deswegen nur subjektiv vom Kunden beurteilt werden. Hier ist es die Aufgabe des Trainiers Fehlerbilder zu verbessern und neue Bewegungsmuster beizubringen. Die Haltung spielt im weiteren Verlauf des Trainings immer eine signifikante Rolle und sollte deswegen direkt in den ersten vier Wochen nach Aufnahme des Fitnesstrainings geschult werden. Für den Erfolg einer langfristigen Beschwerdefreiheit des Betroffenen, ist nicht nur die praktische, sondern auch die theoretische Auseinandersetzung mit seiner Erkrankung erforderlich. Das Erlernen rückenfreundlicher Verhaltensweisen ist deshalb ein sinnvoller Beitrag.

Um die Ernährungssituation des Bandscheibengewebes zukunftsnah zu verbessern, soll der Kunde am Anfang ein bradytrophes Training durchführen. Auch hier soll im ersten Mesozyklus der Grundstein gelegt werden. Der Kunde kann die Erreichung des Ziels dann bestätigen, wenn sich seine Beschwerden lindern und die Schmerzen nicht nur weitestgehend, sondern völlig ausbleiben. Das bradytrophe Training dient ebenso als Einführung und Orientierung und bereitet alle Körpersysteme auf die folgenden Mesozyklen vor.

Aufgabe 3)

Trainingsplanung Makrozyklus

Tab.5: Trainingsplanung Makrozyklus

Trainingsparameter	Mesozyklus I	Mesozyklus II	Mesozyklus III	Mesozyklus IV	Mesozyklus V	Mesozyklus VI
Dauer (in Wochen)	4	4	6	6	6	4
Trainingsziel	Bradytrophes Training Orientierungsstufe	Kraftausdauer	Hypertrophie	Hypertrophie	Hypertrophie	neuromuskuläres Training
Trainingssystem	GK	GK	GK	GK	GK	GK
Häufigkeit/Woche	2	2	2	3	3	3
Intensität (in %ILB)	VB:Gering GB:Gering	GB: 50-70% VB: 50-70%	GB: 50-70% VB: 50-70%	GB: 50-70% VB: 50-70%	GB: 60-80% VB: 60-80%	GB: 60-80% VB: 60-80%
WH	GB:30 VB:40	GB:25 VB:25	GB:15 VB:15	GB:12 VB:12	GB:10 VB:10	GB:8 VB8
Satzpausen	1-2min.	30-60s	2-3min.	2-3min.	2-3min.	Mind.3min.
Muskelarbeitsweise/ Bewegungsgeschwindigkeit	Dynamisch 2/1/2	Dynamisch 2/0/2	Dynamisch 2/0/2	Dynamisch 3/0/1	Dynamisch 3/0/1	Dynamisch 3/0/X
Sätze/Übung	GB:1 VB:1-2	GB:1-2 VB:1-2	GB:1-2 GB:1-2	GB:2 VB:2	GB:2 VB:2	GB:2 VB:2

Übungen/Muskel	VB+GB: 1-2	VB+GB: 1-2	VB+GB: 1-2	VB+GB: 1-2	VB+GB: 1-2	VB+GB: 1-2
Ergänzende Trainingsinhalte: Ausdauertraining, Propriozeptives Training, Beweglichkeitstraining						

Erläuterung zum Aufbau des Makrozyklus:

Der Ausgangspunkt der Planung des Makrozyklus sind das Leistungsniveau bzw. die Belastbarkeit und das Trainingsalter des Kunden. Da das muskuläre Training in der Rehabilitaion eine besondere Trainingssituation darstellt und noch längst nicht alle Heilungsprozesse abgeschlossen sind, wird bei der Makrozyklusplanung das sogenannte Fünfphasenmodell der medizinischen Trainingstherapie angewendet. Hierbei werden alle sonst ebenso geltenden Trainingsgrundsätze zusammengefasst und den Anforderungen der Rehabilitation angeglichen.

Da mit dem Kunden vor der Aufnahme des Trainings eine intensive Physiotherapie durchgeführt wurde und er in seiner Kindheit Leistungsturner war, verfügt er bereits über eine gute Körperwahrnehmung. Ebenso sind ihm einige Übungen aus der vorangegangen medizinischen Heilbehandlung bekannt und werden, ganz nach dem Trainingsprinzip vom Bekannten zum Unbekannten, in den Trainingsplan übernommen. Den ersten Mesozyklus beginnt er gleich mit einem bradytrophen Training. Dieses soll zur Verbesserung des allgemeinen und lokalen Muskel- und Gelenkstoffwechsels beitragen und dient gleichzeitig zur Orientierung und Gewöhnung an ein regelmäßiges Training. Das bradytrophe Training, welches vier Wochen durchgeführt wird, gewährleistet im weiteren Verlauf eine höhere Belastungsverträglichkeit der Muskulatur:

Direkt von Anfang an wird dem Kunden empfohlen ein rückenspezifisches Ausdauertraining als Ergänzung aufzunehmen. Im Mesozyklus I wird er also direkt in das Walking eingewiesen. Das Walking hat den Vorteil, dass es die gesamte Rumpfmuskulatur aktiviert ohne die Wirbelsäule starken Kompressionskräften auszusetzen. Die Durchblutung des Muskelstoffwechsels verbessert sich, was die Bandscheibenernährung günstig beeinflusst. Zudem ähnelt das Walking auf dem Laufband der früheren Sportart Jogging sehr und entspricht somit den Vorlieben des Kunden. Es ist außerdem möglich, dass der Blutdruck des Kunden dadurch sinkt. Begleitend wird ebenso ein Propriozeptives Training und ein Beweglichkeitstraining durchgeführt. Nicht nur um die mit der Neutral- Null- Methode herausgefundenen Beweglichkeitsdefizite in Hüftgelenk und Wirbelsäule zu beseitigen, sondern auch um die Sensorik weiterhin zu verbessern, damit eine gute Basis für das fortlaufende muskuläre Aufbautraining geschaffen wird.

Um Funktionseinbußen, die durch die vorangegangene Immobilisation entstanden sind, rückgängig zu machen, führt der Rückenpatient ein Kraftausdauertraining über einen Zeitraum von vier Wochen durch. Dabei wird der Muskelstoffwechsel neu entwickelt und die Ermüdungswiderstandfähigkeit der Arbeitsmuskulatur verbessert. Die Belastungsintensität und Belastungsdauer der Übungen sind während des Kraftausdauertrainings höher bzw. kürzer. Hierbei soll sowohl eine Erhöhung der mitochondrialen Stoffwechselkapazität und eine Vergrößerung der lokalen Phosphat- und Glykogenspeicher als auch eine Verbesserung der Kappilarisierung und Laktattoleranz erreicht werden.

Im dritten, vierten und fünften Mesozyklus führt der Kunde ein Hypertrophietraining durch, welches jeweils über sechs Wochen andauert. Die Mesozyklen drei, vier und fünf unterscheiden sich in der Bewegungsgeschwindigkeit und der Anzahl der Wiederholungen. Das Ziel dieser Zyklen ist es, eine ausgeprägte Muskelhypertrophie zu erreichen und an der Beseitigung der, durch die vorangegangene Inaktivität, entstandenen Muskelatrophien zu arbeiten. Dies trägt enorm zur Wiederherstellung der ursprünglichen Leistungsfähigkeit des Kunden bei und wird ihm bei zukünftigen Berufsanforderungen und den breitensportlichen Aktivitäten unterstützen und vor Schlimmerem bewahren.

Um erneuten Verletzungen vorzubeugen und immer noch bestehende Kraftdefizite auszugleichen, besteht der sechste und letzte Mesozyklus des rehabilitativen Trainings aus einem neuromuskulären Training. Hierbei stellen eine einwandfreie Beherrschung der Bewegungstechnik und die Belastbarkeit der aktiven und passiven Strukturen eine wichtige Voraussetzung dar. Dies wird gewährleistet indem weiterhin ein propriozeptives Training durchgeführt wird und der Kunde fortlaufend an der Schulung seiner Haltung arbeitet. Die Intensität des neuromskluären Trainings ist höher als die der anderen Trainingsziele. Der Vorteil eines Maxilmaxkrafttrainings besteht außerdem darin, dass es die Haltung verbessert und für eine Wirbelsäulenentlastung sorgt (vgl. GOTTLOB, 2006)

Beim Kraftausdauertraining und in den ersten beiden Hypertrophiezyklen wird der Kunde im ILB- Grobraster als „Beginner" eingestuft und trainiert mit einer Intensität von 50-70% . Im Mesozyklus IV steigert sich die Trainingshäufigkeit pro Woche von zwei auf drei Trainingseinheiten und ab Mesozyklus V wird die Intensität auf 60-80% ILB angehoben. Da der Mann nun eine gewisse Trainingserfahrung hat, wird er als „Geübter" eingestuft. Mit steigender Intensität verändert sich ebenso die TUT (Time under tension). Beim zweiten und dritten Mesozyklus liegt diese bei 2/0/2, bei den beiden Weiteren bei 3/0/3 und beim neuromuskulären Training bei 3/0/X. Im Verlauf des rehabilitativen Trainings verringern sich ebenso die Wiederholungenszahlen.

Anfangs führt der Kunde bis zu 30 dynamische Wiederholungen aus, zum Schluss nur noch acht Wiederholungen. Um Anpassungserscheinungen auszulösen, werden die Belastungsparameter also ständig verändert. Da der Kunde einen maximalen zeitlichen Verfügungsrahmen von 3x 60 Minuten wöchentlich angibt, ist ein Ganzkörpertraining als Organisationsform die sinnvollste Variante um allen Trainingszielen gerecht zu werden. Um ihn in das regelmäßige Training einzuführen und den Bewegungsapparat anfangs nicht zu überlasten, führt er in den ersten drei Mesozyklen nur zwei mal wöchentlich das Aufbautraining durch.

Ein zwei mal wöchentliches Training stellt die ideale Trainingshäufigkeit für einen Anfänger und den klassischen Fitnessportler dar (vgl.GOTTLOB, 2006).Aus eben genannten Gründen belaufen sich die Sätze pro Übung anfangs ebenfalls nur auf 1-2 und werden erst später auf 2 erhöht. Die Einstufung in das ILB- Grobraster gibt 1-2 Übungen pro Muskelgruppe vor.

Da der Kunde übergewichtig ist und Bluthochdruck hat, sollte er neben den ergänzenden Trainingsinhalten (Ausdauertraining, Propriozeptives Training und Beweglichkeitstraining) auch seine Ernährung umstellen bzw. anpassen. Hier kann eine eiweißreiche Kost von Vorteil sein, die nicht nur beim Erhalt bzw. beim Aufbau von Muskelmasse behilflich ist, sondern auch oben genannte Risikofaktoren verringert.

Aufgabe 4)

Trainingsplanung Mesozyklus

Tab.6: Trainingsplanung des Mesozyklus III aus obigem Makrozyklus

Z	TZ	TS	HK	I%v.ILB	WH	P	MAW	Ü/M	S
6	H	GK	2-3x	GB: 50-70 VB: 50-7	GB:15 VB:15	2-3 Min.	Dynamisch 2/0/2	GB: 1-2 VB: 1-2	GB: 1-2 VB: 1-2

Ü	WH	ILB-Test (100%)	S	Wo.1	Wo.2	Wo.3	Wo.4	Wo.5	Wo.6
VB				50%	55%	60%	65%	65%	70%
Latzug zur Brust	15		1-2						
Back- Extension an der Maschine	15		1-2						
Rotation (Seilzug)	15		1-2						
Crunch mit Transversus aktivierung	15		1-2						
GB				50%	55%	60%	65%	65%	70%
Beinpresse Liegend	15		1-2						
Gluteusmaschine stehend	15		1-2						
Rudern am Rückenisolator	15		1-2						
Dipsmaschine	15		1-2						
Bicepscurl KH	15		1-2						
Seitheben KH	15		1-2						

Legende zum Mesozyklus:

Z: Zeitdauer in Wochen

H: Hypertrophie

GK: Ganzkörpertraining

TZ: Trainingsziel

TS: Trainingssystem

HK: Häufigkeit/Woche

I%v.ILB: Intensität in % von ILB

WH: Wiederholungen

P: Pausendauer

MAW: Muskelarbeitsweise

Ü/M: Übungen/Muskelgruppe

S: Sätze/Übung

Wo.: Woche

Ü: Übung

VB: Verletzter bereich

GB: Gesunder Bereich

KH: Kurzhantel

Begründung der Übungsauswahl im Mesozyklus III:

Da es das oberste Trainingsmotiv des Kunden ist, die rumpfstabilisierende Muskulatur umfassend zu trainieren und er derzeit unter Verspannungen im Bereich des lumbalen Rückenstreckers leidet, ist das Hypertrophietraining und die Aktivierung der lokalen Stabilisatoren der Lendenwirbelsäule ab Mesozyklus III von großer Bedeutung.

Der verletzte Bereich wird durch die Übungen Latzug zur Brust, Back- Extensions, Rotation am Seilzug und Crunch mit Transversusaktivierung abgedeckt, weil hier sowohl die tiefe Bauchmuskulatur (M. transversus abdominis, M. obliquus internus abdominis), das mediale System des Erector spinae als auch alle Muskeln, die in die Faszia thorakolumbalis einstrahlen (M. latissiumus dorsi, M. trapezius ect.) und für die Verspannungen in der Lendenwirbelsäule sorgen, trainiert werden. Da der Rückepatient durch den früheren Leistungssport noch immer über eine gute Autostabilisationsfähigkeit verfügt, kann auch die Übung Rotation am

Seilzug bedenkenlos ausgeführt werden. Sie ist für die spezifische Ausdifferenzierung der Fasern des Bandscheibengewebes notwendig und soll dem Kunden bei zukünftigem Ausführen von Rotationsbewegungen am Arbeitsplatz zu Gute kommen. Um die Lendenwirbelsäule zu stabilisieren, kommt es vor allem beim Bauchmuskeltraining auf die synergistische Aktivierung der tiefen Bauchmuskulatur an. Für den gesunden Bereich werden neben Übungen an der Maschine auch Übungen mit Kurzhanteln in den Trainingsplan integriert. Nach GOTTLOB (2006) bestehen die Vorteilen eines freien Hanteltrainings unter anderem in einer Verbesserung der Koordination, welche wiederum dafür verantwortlich ist, die Kraftfähigkeit in den Alltag umsetzbarer zu machen. Diese Tatsache wird dem Rückenpatienten dabei behilflich sein, die Berufsanforderungen zu meistern ohne weitere Strukturen zu verletzten. Die Übungen an der Maschine sind ebenso notwenig um biomechanisch optimale Belastungsreize zu setzen und verletzte Strukturen vollständig zu entlasten (vgl.GOTTLOB, 2006)

Kontraindikationen

Wiss.quellen

Aufgabe 5)

Literaturrecherche

Studienlage zu Trainingseffekten des muskulären Aufbautrainings in der Rehabilitation bei einem Beschwerdebild nach Wahl im Bereich Kniegelenk

Studie 1: „ Vibrationstraining nach vorderer Kreuzbandplastik"

Der Sinn und Zweck der Studie war es, herauszufinden, ob und inwiefern ein Ganzkörpervibrationstraining (Gerät: Power Plate Classic) zusätzlich zu herkömmlichen Rehabilitationsmaßnahmen positive Effekte auf die Wiedererlangung der vollen Leistungsfähigkeit nach einer arthroskopischen Rekonstruktion des vorderen Kreuzbandes bei Personen hat und ob eine Muskelatrophie des M. quadriceps femoris im postoperativen Verlauf günstig beeinflusst werden kann.

Wer hat die Studie durchgeführt?

Leitung: Bastian, J., Lutina Klinik Kaiserslautern, Abteilung Kniechirurgie

Verantwortlich: Dr. med. W. Franz, CA der Klinik

Fragebogen: Frau C. Trittel, SFA (Stiftung zur Förderung der Arthroskopie) Tuttlingen

<u>In welchem Jahr wurde sie publiziert?</u>

2004

<u>Mit welchen Versuchspersonen wurde die Studie durchgeführt?</u>

Probanden: 16 Kreuzbandpatienten/- patientinnen (Alle unterzogen sich einer arthroskopischen Rekonstruktion des vorderen Kreuzbandes)

Die Probanden wurden in eine konventionelle Therapiegruppe („Kontroll- Physiotherapie", n=9) und eine Vibrationsgruppe („Physiotherapie + Vibrationstraining", n=7) eingeteilt.

Innerhalb dieser Gruppen erfolgte wiederum eine Einteilung nach verschiedenen Ausschlusskriterien:

1. Kontraindikationen entsprechend den Herstellerangaben von PowerPlate
2. Chondromalazie ab Stadium IV
3. Subtotale Meniskusresektion
4. Stabilisierende Operation am betroffenen Bein in der Anamnese
5. Sonstige Verletzungen am betroffenen Bein in der Anamnese
6. VKB- Ruptur der nicht- verletzten Seite in der Anamnese
7. Meniskusrefixation durch Naht

<u>Wie sah der Versuchsaufbau der Studien aus?</u>

Beide Gruppen wurden vorher nach der Standardmethode rehabilitiert. Die Vibrationsgruppe erhielt nun als zusätzliche Rehabilitationsmaßnahme ein Ganzkörpervibrationstraining.

Training der Kontrollgruppe:

- Standardplan nach VKB- Rekonstruktion:
- Aufwärmprogramm, danach vor allem Muskelaufbau des M. quadriceps femoris (halben Kniebeugen und Ausfallschritte)
- Physiotherapie über 12 Wochen, 2-3x wöchentlich

Training der Vibrationsgruppe:

- Zusätzliches Training zu dem der Kontrollgruppe:
- 10 Wochen, 2x wöchentlich für 10 Min.(ab 3. Postoperativer Woche):
- Aufwärmen durch Massage der Unter- und Oberschenkelmuskulatur von dorsal
- Übungen zur Kräftigung des M. quadriceps femoris (schmale Kniebeuge und Ausfallschritt), anschließend Übung zur Dehnung der ischiocruralen Muskulatur.

Untersuchungsmethoden zur Messung des Therapieerfolges:

- Messung des Muskelumfangs an drei verschiedenen Messpunkten (objektiv), prä – und postoperativ sowie in der 6. Und 12. Woche
  Ausgehend vom Patellamittelpunkt wurden 10cm und 20cm nach proximal und 15cm nach distal der Beinumfang an beiden Beinen mittels eines handelsüblichen Maßbandes gemessen. Zusätzlich auch der Umfang in Höhe der Patellamitte. Die Messungen erfolgten am liegenden, nicht kontrahierten Bein
- Subjektive Patientenangabe (ermittelt durch Fragebögen), sowohl präoperativ als auch in der 12. postoperativen Woche.
  Patienten sollten den Nutzen der Maßnahme direkt einschätzen.
  Themen: Schmerzwahrnehmung, Aktivität im täglichen Leben, Gesamtgesundheitszustand
- Statistische Methode: Hierzu wurde der Wilcoxon- Test für unverbundene bzw. verbundene Stichproben durchgeführt. Signifikanzniveau $\alpha=5\%$

Welche relevanten Ergebnisse und Schlussfolgerungen lieferte die Studie?

Ergebnisse der Muskelumfangmessungen(20cm/10cm proximal Patellamitte):

Kontrolle 6 Wochen postoperativ:

Kontrollgruppe (n=9): 50,5 +/-3,1cm und 41,8 +/-2,6cm

Vibrationsgruppe (n=7): 55,4 +/-6,3cm und 45,9 +/-5,8cm

Unterschied (Wilcoxon – Test): p=0,0435 und p=0,0323

→ Signifikante Abnahme des Muskelumfangs nur in der Kontrollgruppe

Kontrolle 12 Wochen postoperativ:

Kontrollgruppe (n=9): 55,3 +/- 5,6cm und 41,8 +/-2,6cm

Vibrationsgruppe (n=7): 56,5 +/-6,5cm und 47,3+/-5,4cm

→ Keine signifikanten Unterschiede nachweisbar, die Umfänge entsprechen annähernd den präoperativen Ausgangswerten

Die Muskelumfänge der Wade zeigte ebenfalls eine Abnahme zur Kontrollmessung in der 6. Woche nach der Operation, aber die Muskulatur erholte sich auf die Ausgangswerte zur 12. Kontroll- Woche.

Auch bei der Auswertung der Fragebögen konnte bei der Vibrationsgruppe eine deutliche Verbesserung der Befindlichkeit herausgestellt werden.

Die Ergebnisse zeigen, dass die Gruppe mit dem Vibrationstraining im Vergleich mit den Kontrollgruppen 6 Wochen nach der OP keine statistisch signifikante Abnahme der des Muskelumfanges 10 und 20cm proximal aufzeigten. Ein weiterer Effekt war, dass diese Gruppe 12 Wochen nach der OP eine höhere Zufriedenheit aufzeigte und ein geringeres Schmerzerleben angab.

Schlussfolgerung:

Nach Knieoperationen, insbesondere nach Ersatz des vorderen Kreuzbandes, stellen eine Atrophie der Oberschenkelmuskulatur, Koordinationsstörungen und Beweglichkeitsstörungen am operierten Kniegelenk häufig Schwierigkeiten dar. In wissenschaftlichen Untersuchungen konnte mehrfach belegt werden, dass ein Training auf Vibrationsplattformen ein Muskelwachstum induziert, die Koordination am betroffenen Gelenk und die Dehnfähigkeit der Muskulatur verbessert. Diese Trainingsform verbessert also die Gliedmaßenstabilisierung und kann als Sekundärprophylaxe dazu beitragen, Verletzungen vorzubeugen.

In der hier durchgeführten Studie werden diese Ergebnisse bestätigt. Im Vergleich zur Kontrollgruppe „Kontroll- Physiotherapie" zeigten die Probanden der Gruppe „Physiotherapie + Vibrationstraining" eine geringere Umfangabnahme der Oberschenkelmuskulatur des operierten Beines auf. Zudem gaben sie an weniger Schmerzen und insgesamt einen günstigeren Gesamtgesundheitszustand zu haben.

Die zusätzliche Belastungsform mit Vibration ist somit für alle Patienten mit dem Interesse einer schnellen Rekonvaleszenz und Wiedereingliederung in Beruf und Sport von Bedeutung.

Studie 2: „Die Bedeutung des Muskelaufbautrainings nach Ersatz des vorderen Kreuzbandes mit der Semitendinosusplastik"

Mit Hilfe der Studie sollte der Stellenwert eines Muskelaufbautrainings für die Oberschenkelmuskulatur in der Nachbehandlung der vorderen Kreuzbandersatzplastik als Ergänzung zur Physiotherapie evaluiert werden.

Wer hat die Studie durchgeführt?

Patricia Daum aus Krefeld

(Inaugural- Dissertation zur Erlangung des Grades eines Doktors der Medizin, Fachbereich Medizin der Justus-Liebig-Universität Giessen)

In welchem Jahr wurde sie publiziert?

2000

Mit welchen Versuchspersonen wurde die Studie durchgeführt?

46 männliche Personen, Alter zwischen 16 und 39.

Alle arthroskopiert und mit einer vorderen Kreuzbandplastik aus der Sehne des M. semitendinosus versorgt.

Alle Probanden durchliefen eine identische Vorbehandlung. Die Zuordnung der Patienten auf eine Kontroll-und Trainingsgruppe erfolgte stochastisch.

Daraus ergeben sich zwei homogene Gruppen mit jeweils 23 Personen:

Gruppe 1: „Trainingspatienten"

Durchschnittsalter: 26,

Durchschnittliche Anzahl der Physiotherapietermine: 27Stunden, Körperstatur: 12 Normalgewichtige, 7 Übergewichtige, 4 Untergewichtige

Gruppe 2: „Kontrollpatienten"

Durchschnittsalter: 28

Durchschnittliche Anzahl der Physiotherapietermine: 27Stunden,

Körperstatur: 16 Normalgewichtige, 7 Übergewichtige

Wie sah der Versuchsaufbau der Studien aus?

In beiden Gruppen organisierten die Probanden die verordnete ambulante Krankengymnastik selbst. Die Trainingsgruppe nahm zusätzlich zur Physiotherapie an einem Muskelaufbautraining teil, welches zweimal wöchentlich unter ärztlicher

Aufsicht durchgeführt wurde. Das Trainingsgerät war die Beinpresse, mit der die Oberschenkelbeuger- und strecker sowie die ischiokruale Muskulatur gekräftigt werden kann.

Das Trainingsprogramm sah somit folgendermaßen aus:

1.p.o. Woche, 3 Serien mit 20 Wiederholungen mit 10 kg Gewicht,

2.p.o. Woche, 1.Termin 4 Serien mit 20 Wiederholungen

            2.Termin 5 Serien mit 20 Wiederholungen zunehmend,

3.p.o. Woche, 1.Termin 6 Serien mit 20 Wiederholungen

            2.Termin 7 Serien mit 20 Wiederholungen

4.p.o. Woche, 1.Termin 8 Serien mit 20 Wiederholungen

            2.Termin 8 Serien mit 20 Wiederholungen

12.p.o. Woche, 8 Serien mit 20 Wiederholungen

- Anfangs mit 10kg Gewicht, dann zunehmend bis zum Erreichen des Körpergewichts

Untersuchungsmethodik:

Die Nachuntersuchung fand zu drei festgesetzten Zeitpunkten statt:

1. Untersuchung am 4.postoperativen Tag unter stationären Bedingungen

2. Untersuchung zum Ende der 6.postoperativen Woche in der Ambulanz

3. Untersuchung zum Ende der 12.postoperativen Woche in der Ambulanz

Sie beinhaltete:

1. die Erhebung der Anamnese mit der Befragung des Patienten

2. die körperliche Untersuchung

3. den Funktionstest

Die Nachbehandlung der Kontrollgruppe beschränkte sich auf die krankengymnastische Übungstherapie.

Welche relevanten Ergebnisse und Schlussfolgerungen lieferte die Studie?

Zur Bewertung wurden die Ergebnisse der klinischen Untersuchung in der ersten, sechsten und zwölfte Woche nach der OP miteinander verglichen. Nach sechs und zwölf Wochen postoperativ waren die Werte der Oberschenkelumfangsmessung der Trainingsgruppe signifikant höher. Auch die subjektive Krafteinschätzung war deutlich höher und die Ausführung eines Einbeinsprungs schon nach sechs Wochen sichtbar sicherer. Außerdem ergab die Stabilitätsprüfung durch den vorderen Schubladentest für die Trainingsgruppe nach drei Monaten enorm bessere Werte.

In den ersten sechs Wochen waren Schmerz, Erguss und Schwellung in der Trainingsgruppe schneller rückläufig. Die bei den Trainingspatienten günstiger ausgefallene Stabilitätsprüfung des vorderen Kreuzbandes durch die Funktionstests zeigte schon nach sechs Wochen den positiven Effekt des Muskelaufbautrainings.

Die Ergebnisse zeigen eine höhere objektive und subjektive, vom Patienten wahrgenommene Stabilität sowie einen günstigeren Heilungsverlauf bei Anwendung der medizinischen Trainingstherapie. Die Studie bestätigt damit den hohen Stellenwert des Muskelaufbautrainings in der Nachbehandlung der vorderen Kreuzbandersatzplastik.

Literaturverzeichnis:

BASTIAN, J./TRITTEL, C./FRANZ, W.: Vibrationstraining nach vorderer Kreuzbandplastik. 2004. Online im Internet: http://www.powerplate.ch/index.php?option=com_jdownloads&Itemid=137&task =finish&cid=52&catid=16&lang=de [Stand: 29.11.2011]

BAUM, P.: Die Bedeutung des Muskelaufbautrainings nach Ersatz des vorderen Kreuzbandes mit der Semitendinosustechnik, Inaugural- dissertation zur erlangung des Grades eines Doktors der Medizin, des Fachbereichs Humanmedizin, Justus-Liebig- Universität Giessen. Giessen 1999. Online im Internet: http://www.rheuma-schweiz.ch/downloads/muskelaufbautraining.pdf   [Stand: 29.10.2011]

REIß, PROF.DR.PAED.HABIL. M.,/ ISRAEL, PROF.DR.MED. S., Studienbrief Trainingslehre IV. Unveröffentlichtes Studienmaterial der Deutschen Hochschule für Prävention und Gesundheitsmanagement. Saarbrücken, April 2011

Tabellenverzeichnis:

BEI GRIN MACHT SICH IHR WISSEN BEZAHLT

- Wir veröffentlichen Ihre Hausarbeit, Bachelor- und Masterarbeit

- Ihr eigenes eBook und Buch - weltweit in allen wichtigen Shops

- Verdienen Sie an jedem Verkauf

Jetzt bei www.GRIN.com hochladen und kostenlos publizieren